U0019656

童心園

漫畫圖解

快問快答　災害求生指南

地震來了怎麼辦？

監修 ▶ 木原實

繪者 ▶ 大野直人

譯者 ▶ 林謹瓊

地震 1

　　近年來，日本發生了許多自然災害，像是地震、海嘯、颱風及洪水造成的水災等等。也許正在閱讀這本書的讀者當中，有些人可能實際遭遇過上述提到的災害，並且留下了令人恐懼的回憶。即便從來沒有經歷過這些災害，光是看著電視新聞裡的影像，也會不由自主地想著：「如果是發生在自己居住的地區該怎麼辦……」而感到不安。

　　如果現在真的遇到恐怖的天災，大家該做些什麼？能夠快速判斷應該採取哪些行動嗎？尤其是身邊沒有家人或老師時，想必會變得十分慌張。

　　本書主角是當自己獨自在家的時候發生了地震，以這個事件為起點，延伸出一連串問題，比方說該到哪裡避難、該做些什麼行動才好。請各位讀者跟主角一起回答這些提問，思考在地震發生時該採取哪些行動吧！

　　閱讀這本書時，透過在腦中模擬實際災害的情形，當真正發生災害的時候就可以冷靜做出判斷。在無法預測的災害發生時，若這本書能夠幫助各位在當下採取更安全的行動，作者將會感到無比欣慰。

氣象預報士暨防災士　木原實

地震發生時，這些情況該怎麼辦？以情境舉例來提問。

星級標示問題難度，共有一至三顆星，三顆星為最難。

以圖像輔佐說明問題的解答。

列出 A、B 選項，想想看該採取哪個行動，並做出你的選擇！

詳細說明正確答案。

補充解釋與問題相關的細節。

慎吾

本書主角
個性謹慎，
有點膽小。

友里

慎吾的同學。
十分活潑，容
易得意忘形。

求生專家

對防災知識
非常了解的
顧問。

目錄

喔～因為之前上過地震的課，所以你才以為是地震嗎？

對呀，震災後的情景，光想就讓人害怕……

我可以理解，但你也怕過頭了吧？

可是……地震無法預知……說不定還會引發海嘯……

真沒出息呀～

碎碎念 碎碎念 碎碎念

總之，我們趕快回家，去公園踢足球吧！

待會在公園見囉！

好啦！待會見。

喀唰—

我回來了～

嗵嗵嗵

汪！

馬卡龍♪
我回來啦～

你到家啦！
媽媽現在要帶未來
出去買東西喔。

那你們早點回來，
我跟友里約好了
要一起玩。

知道了，
那我出門囉！

呼—

噗唰！

翻頁

⋯⋯

4點5分了⋯⋯
媽媽怎麼還不回家？

嗶嗶嗶！ 嗶嗶嗶！

這是
什麼聲音!!

嗶嗶嗶！ 嗶嗶嗶！
現在發生地震 現在發生地震

咦？地震！
真的嗎？

嗄 嗄 嗄 嗄 嗄
!!

當你在客廳遇到巨大地震時，該往哪裡逃？

難度 ★★★

晃晃晃⋯⋯

A 看似安全的桌子底下

B 可以馬上逃出門外的玄關

躲在桌子底下保護身體

當你察覺到有地震，請把保命視為第一優先！

你有可能會被掉落的物品砸到頭，或是被壓在傾倒的大型家具底下而喪失性命，躲在桌子底下，就能防止這兩種情況發生。

地震頂多會搖晃幾分鐘就會停止，不要慌張的跑出家門，在家裡靜靜等待搖晃停止吧！

抓住桌腳會
更安全喔！

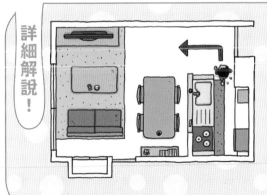

詳細解說！

遠離狹窄且物品多的地方！

在地震發生的時候，像廚房及雜物間這些地方，經常擺放大型家具且在高處放置許多東西，這都是非常危險的！

若在這些地點遇到地震，請就地做好「趴下、掩護、穩住」動作，並保護頭、頸，也避免在晃動情況下移動，以免在移動過中被掉落物品砸傷，或碰撞家具而受傷。

地震的搖晃停止後，第一件事該做什麼？

難度 ★★★

A 打開門

B 打開電視

解答
A

打開門

做好隨時能逃出去的準備！

在巨大的搖晃之後，門框或窗框有可能會被震歪而無法開啟。如果門跟窗戶打不開，就會受困在房子裡逃不出去了。為了避免這種情況發生，必須確保能夠逃離的路徑。

當搖晃停止後，從桌子底下出來，先打開通往玄關的門，如果是獨棟房屋，一樓的窗戶也能作為逃生出口，所以也一起打開。

地震之後再看地震的新聞吧！

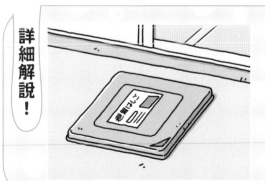

詳細解說！

避難梯也能作為逃生出口

有些大樓及學校的天台都裝設著避難梯，即使逃生出口被擋住，也能用避難梯逃到外面。發生地震時，若待在有裝設避難梯的場所，在搖晃停止後，建議也要打開陽台的窗戶；如果在學校等地發現避難梯，請先閱讀一下使用方法。

難度 ★★★

A 大聲呼救

B 用堅硬的東西敲打門或牆壁

用堅硬的東西敲打門或牆壁

大聲喊叫身體很容易累

當你受困在屋子裡，一定很希望能被外面的人發現，這種時候可以拿起堅硬的東西敲擊門板或牆壁，來吸引外界注意。如果大聲喊叫，很容易消耗體力，因為有可能會受困很長一段時間，所以盡量保留體力是很重要的喔！

求生知識

運用聲音或光線，以省力的方式求救

為了能夠在各種狀況下都能向外求助，以下介紹其他幾種求助方法。

① 用鏡子反射陽光，發出一閃一閃的亮光

② 使防狼警報器或鬧鐘發出聲音

③ 用手指吹口哨

①是運用光線的求救方法，不限於鏡子，只要能夠反射光線的物品都能使用。藉由調整反射角度，讓光線投射到遠方。如果要透過聲音求救，建議運用②或③的方法，這兩種方法都很省力，保存體力非常重要！用手指吹口哨可以發出很響亮的聲音，但需要事前多加練習。

讓手機發出聲音也是個好方法喔！

問題 **4**

待在家裡似乎很危險，
但家人都不在家，該怎麼辦？

難度 ★ ★ ★

A 立刻逃出家裡

B 等待家人回來

解答
A

立刻逃出家裡

預先做好一個人避難的準備

　　當災難發生時，最重要的就是保全自己的性命。如果覺得待在家裡並不安全，即便只有你獨自在家，也要鼓起勇氣向外避難。

　　你可以在避難所與家人會合，為了能順利會合，家人之間必須知道彼此的聯絡方式以及決定避難所的集合地點。平時就要跟家人討論這個話題，以免各自去了不同的避難所。

預先找好避難所！

如果選擇 ▶ B

沒有危險的狀況下，就留在家中

　　如果家裡沒有危險，待在家裡避難比較安全。當地震的搖晃停止後，打開電視確認「避難指示」、「會不會發生海嘯」等訊息，詢問鄰居「附近是否有發生火災」、「家裡結構是否有損壞」。如果都沒有危險情形發生，就不需要向外避難，可待在家裡等候進一步消息。

可以把家裡養的狗或貓帶到避難所嗎？

難度 ★ ★ ★

A 一起帶到避難所

B 準備好飼料，讓寵物待在家裡

預先做好一個人避難的準備

當災難發生時，最重要的就是保全自己的性命。如果覺得待在家裡並不安全，即便只有你獨自在家，也要鼓起勇氣向外避難。

你可以在避難所與家人會合，為了能順利會合，家人之間必須知道彼此的聯絡方式以及決定避難所的集合地點。平時就要跟家人討論這個話題，以免各自去了不同的避難所。

預先找好避難所！

如果選擇
B

沒有危險的狀況下，就留在家中

如果家裡沒有危險，待在家裡避難比較安全。當地震的搖晃停止後，打開電視確認「避難指示」、「會不會發生海嘯」等訊息，詢問鄰居「附近是否有發生火災」、「家裡結構是否有損壞」。如果都沒有危險情形發生，就不需要向外避難，可待在家裡等候進一步消息。

問題 **5**

可以把家裡養的狗或貓帶到避難所嗎？

難度 ★★★

A 一起帶到避難所

B 準備好飼料，讓寵物待在家裡

跟寵物一起去避難！

為了預防被留在家中的寵物自行逃出或受傷的情形，請準備好「寵物防災包」，裡面應有水、飼料等寵物生活必需品，當你在家中遇到災害發生時，請將寵物掛好名牌、穿戴牽繩並裝籠，帶著寵物一同前往避難所吧！

不過，各地的避難所對於與寵物共同生活這個問題可能會有不同的考量，請預先向地區避難所詢問相關事項。

為了讓寵物能夠在避難所適應團體生活，平時就做好行為的訓練是很重要的喔！

如果選擇 **B**

可能不捨得而返回家中

寵物就像我們的家人一樣，如果把寵物留在家裡，飼主一定會忍不住返回家中，可能因此導致受傷。而且，若寵物因為被留在家中而喪命，想必飼主會很悲傷，還會相當後悔，所以，在避難前不要想著：「我會再回來把寵物帶走」，請直接帶著牠一起逃難吧！

問題 **6**

準備前往避難所啦！
出門前該做哪些事？

難度 ★★★

電燈該怎麼辦？

A 關掉

B 打開

門該不該鎖？

C 鎖著

D 不鎖

關燈、鎖門

提防闖空門及火災！

向家人確認
總電源的關法吧！

　　當你要前往避難所時，請將家裡的總電源關閉，鎖上大門之後再出去。

　　關閉電源是為了避免電器過熱而引發火災，沒有電流通過就能徹底防止火災的發生，可以安心出門。

　　而鎖上門是因為擔心有小偷會趁著沒人在家的時候行竊，所以不能輕忽。

如果選擇 **B**

引發大火的「電氣火災」

　　在停電後恢復供電，一不注意就很有可能會引發電氣火災，尤其是微波爐、電暖爐等電器及延長線放置的地方都要特別注意。避難期間若發生火災，因為沒有人及時滅火，很容易在短時間就造成大規模的火災。

如果在這些地方遭遇地震該怎麼辦？

居家篇

若是正在煮菜，有引發火災的危險！

　　如果在廚房烹煮料理時遇上了地震，請立刻關閉爐火。因為地震而引發火災的例子十分常見，但若在當下沒有多餘心力可以關火，等到搖晃停止後再關也可以。要是在地震中勉強去關火，有可能會讓火延燒到衣服上，或是被晃動的熱湯潑灑到身上，而導致燙傷。

停止搖晃後，再開門！

　　若在洗澡時遇上地震，無論在何處，請做好「趴下、掩護、穩住」動作，並保護好頭、頸，等待搖晃停止後，馬上穿上衣服，因為在溼滑的浴室很容易滑倒，如果是在全身光溜溜的狀態下跌倒，可能會被震裂的鏡子或玻璃碎片刺傷。

躲在棉被裡，保護自己！

　　有遇過在睡覺時發生地震的經驗嗎？若躺在床上的時候感覺到地震，請立刻用棉被把自己從頭到腳都包裹起來，以免被掉落物砸傷。等到搖晃停止後，一邊以枕頭保護自己的頭部，一邊去跟家人會合。

走出家門後發現走廊煙霧瀰漫，該怎麼逃出去呢？

難度 ★ ★ ★

A 身體貼近地面逃離

B 趕快跑出去

身體貼近地面
逃離

盡速逃離最重要！

避免吸入煙霧！

　　當火災發生時，最重要的是「避免吸入煙霧」，因為煙霧中包含了有毒氣體，若吸入體內，可能會導致失去意識。

　　因為煙霧會往上飄，越靠近天花板的地方煙越多，所以盡量把身體放低，貼近地板，才不容易吸進煙霧。不要花時間弄溼毛巾，讓逃生時間越來越少，應該快速離開災害現場。

詳細解說！

失火啦！

如果自家發生火災……

　　當家裡發生大規模火災，想要靠自己的力量滅火是很危險的，請大聲呼救：「失火啦！」通知家人與鄰居，並且盡快離開現場。

　　若起火點在門外，開門後發現濃煙密佈，建議不要貿然穿越濃煙逃生，應關門求生，等待救援。

火災發生時，該走哪一種樓梯逃生呢？

難度 ★ ★ ★

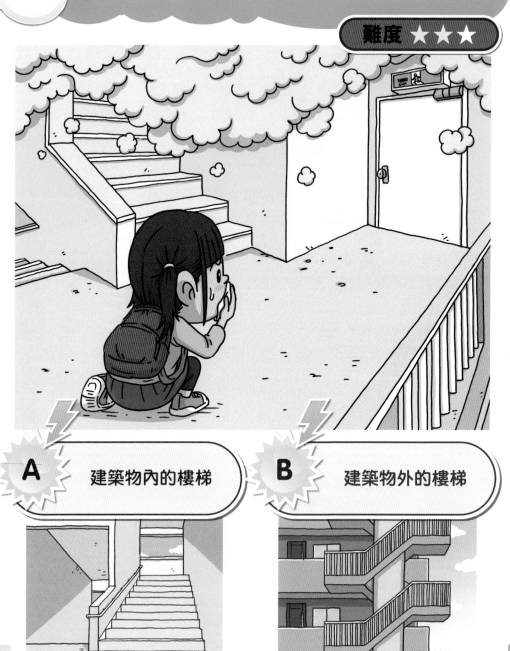

A 建築物內的樓梯

B 建築物外的樓梯

建築物外的樓梯

選擇沒有煙霧的外部樓梯比較安全

　　當走廊充滿煙霧的時候，如果建築物有外部的樓梯，請務必走外面的樓梯逃生。因為建築物內部的樓梯也許已經瀰漫著有毒的煙霧了。走外面的樓梯，就不會吸到煙霧，可以安全逃出去。

求生知識　　**在建築物裡面也很安全的「逃生梯」**

建議積極參與住家大樓舉辦的逃生演練喔！

　　通常建築物內部會設置「逃生梯」。因為是緊急時用於逃生的樓梯，構造上能夠防止煙霧及火勢延燒。即便是設置在建築物裡面，卻是很安全的逃生通道。

　　平時不會使用到逃生梯，以防萬一，預先掌握逃生梯的所在位置是很重要的。逃生梯會有如左圖所示的「緊急出口」標示，務必要先確認好逃生路線。

　　若身處於沒有逃生梯的建築物，特別是住在二樓以上的人，建議先與家人討論火災發生時的逃生方式。

在電梯當中遇到餘震，該按哪層樓的按鈕？

難度 ★★★

A 所有的樓層按鈕

B 1 樓的按鈕

要盡快從電梯當中逃離

電梯有可能會因地震而停止運作,所以,逃生的重要原則就是「不搭電梯」!但是,若在一時慌張而搭了電梯,並且在電梯當中感覺到搖晃,這時請立刻按下所有的樓層按鈕,在離最近的樓層停下來後馬上逃出,再走樓梯下樓。總之,最重要的是盡快從電梯當中逃離。

當電梯停在半途,請按下電梯操作面板上的通話按鈕,就能聯絡上管理員。

在大地震之後沒多久又發生搖晃,稱為「餘震」。

如果選擇 B

也許會被困在半空中……

如果你選擇 B 的原因是認為「要馬上逃到建築物外面,所以要按 1 樓!」

那你就大錯特錯了!

雖然的確是盡早逃離比較好,但如果電梯停在半途,不知道會被困在電梯中多久,所以當務之急就是從電梯裡逃出來。

從自家到避難所的安全逃生路徑是？

難度 ★★★

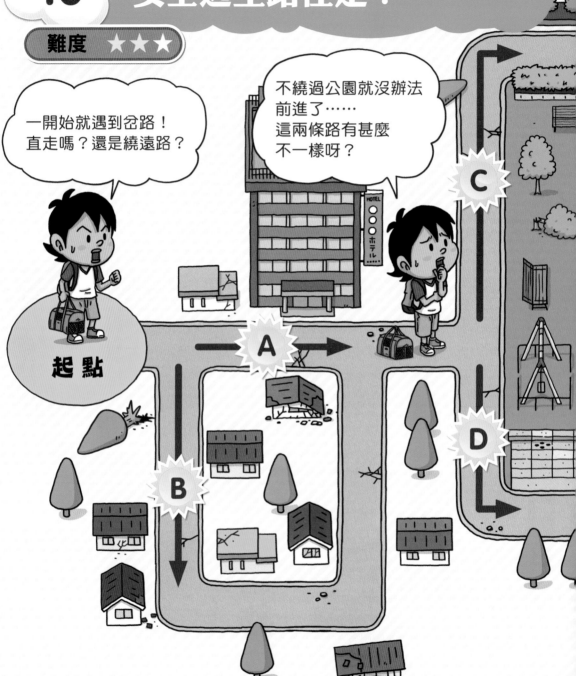

一開始就遇到岔路！
直走嗎？還是繞遠路？

不繞過公園就沒辦法
前進了……
這兩條路有甚麼
不一樣呀？

起點

31

該如何前往避難所？

難度 ★★★

A 騎腳踏車

B 步行

解答

B

步行

騎腳踏車在遇到餘震時非常危險！

　　比起走路，騎腳踏車速度更快，也更不容易累，平時是個很方便的交通工具，但是在避難的路上，選擇步行方式會更加安全，原因在於，大地震過後還會發生好幾次的餘震，當你在騎腳踏車時遇到餘震，可能會因為晃動而摔倒受傷，而且，地震後的道路崎嶇不平，騎腳踏車就會十分危險。

即使會花比較多時間，也請用走的去避難吧！

詳細解說！

地震引起的土壤液化

　　如果是在填土造地的區域等地質鬆軟的地方發生地震，導致地面會變得像水一般容易波動，這稱為「土壤液化」。

　　若地面產生裂痕、建築物下陷，便會引發非常大的災害，建議可以向家人或學校老師詢問住家附近的地質情形。

有人被困在瓦礫堆下，該如何救人？

難度 ★★★

A 向大人求救

B 馬上搬開瓦礫

借助大人的力量！

當你看見有人被困在瓦礫堆下面，也許你會急著想要趕快救人，但是，以一個小孩的力氣要搬開瓦礫是很困難的。而且，「有人被掉落物壓住」這件事代表著那個地方有很多容易傾倒的東西，非常危險。

在這種情況下，不應該憑自己的力量把瓦礫搬開，而是要盡量找來很多力氣大的大人來幫忙。

懂得求助，
也是很棒的救援行動！

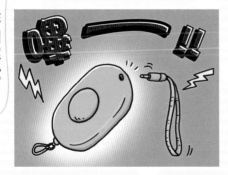

詳細解說！

如果被壓在瓦礫之下……

當你被瓦礫壓住而動彈不得，最重要的是節省體力，所以不要浪費力氣大吼求救，請用堅硬的物品敲擊周邊，或是讓手機、防狼警報器發出聲響，附近的人一定會注意到你。

如果在前往避難所的途中，想上廁所怎麼辦？

難度 ★ ★ ★

A 去便利商店上廁所

B 在草叢上廁所

A

去便利超商上廁所

災害期間善用「避難據點」

也許有些人會想：「去沒有人的草叢裡解決一下就好了呀！」，但建議千萬別這麼做，在災害發生期間，這樣的舉動可能會讓你捲入難以想像的犯罪與意外事故當中，相當危險。

在避難時，可以向便利超商借廁所，若附近有公共廁所，也是非常好的選擇！

可以事先搜尋家裡附近的「避難據點」喔！

詳細解說！

在公家據點也能得知避難所及交通相關的資訊！

災害發生時，可透過電視或廣播了解災情及交通狀況，也可到區公所、里辦公室、派出所或消防分隊取得相關資訊。

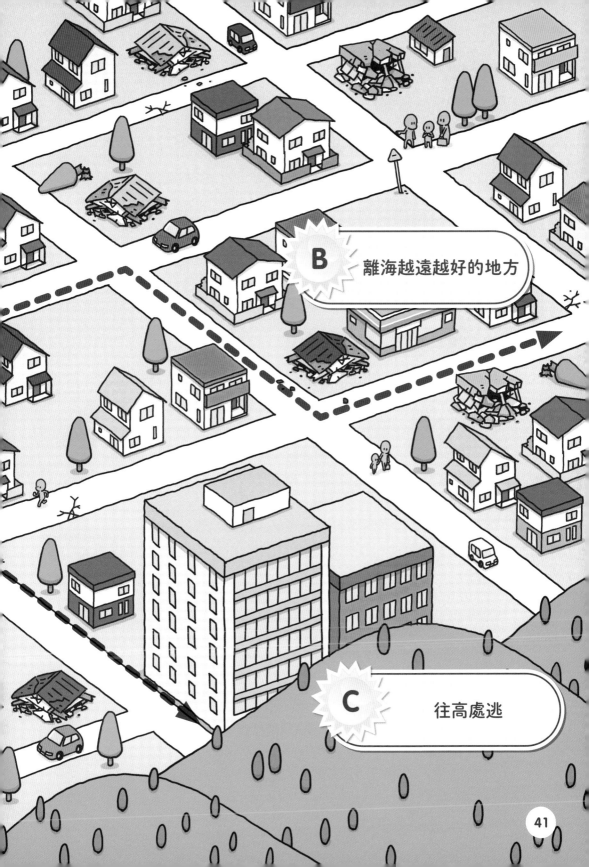

B 離海越遠越好的地方

C 往高處逃

往高處逃

盡快逃往高處

當得知將會有海嘯時，請用盡全力馬上逃到高處。

海嘯會以汽車行駛般的速度，一路淹沒到距離海有一段距離的地方。即使逃得再遠，只要身處在地勢低的地方，就會被海嘯捲走。抱著「去人多的地方就沒事」這種想法是很危險的，請依自己的判斷決定要逃往哪裡並且付諸行動。

你知道住家附近哪裡有高臺或是高樓大廈嗎？現在開始思考該往哪裡逃吧！

海嘯會不計其次的洶湧襲來，所以在高處等候吧！

詳細解說！

不要小看浪高較低的海嘯

跟普通的海浪不同，海嘯的威力非常驚人，即便浪高只有50公分，也能讓一個小孩站不穩。一旦被沖倒，就很難再站起來，可能會因此被淹沒，所以就算海嘯的預測浪高只有幾十公分，也一定要去避難。

避難時的四不守則

避難時會遇到許多情況，以下有四點要請
大家一起配合，讓所有人都能安全避難喔！

當你在學校等地遇到地震，而必須與大家一同集體避難時，請記得以下守則「不推擠、不奔跑、不說話、不走回頭路」。因為想要快點逃離，而推擠前面的人或是急速奔跑，這都是很危險的行為。因心情不安而說太多話、想起遺落的物品而想要回去拿等等，在避難期間也都是千萬要避免的舉動。

不推擠　被推擠到的人可能會跌倒，也會打亂原本的隊形，拖延了大家避難的時間。

不奔跑　可能會導致跌倒受傷，千萬不能跑。
請小心謹慎地步行去避難吧！

不說話　即使你一個人的聲音再小，但若講話的人越多，就會導致聽不見重要的避難指示。

不走回頭路　可能會被餘震震塌的建築物壓倒，或是被困在火場之中。

當你正逃離海嘯，看到朋友在遠方，該怎麼做？

難度 ★★★

即將有海嘯！

A 一個人逃跑

B 跟朋友一起逃跑

一個人逃跑

海嘯來時各自逃

　　海嘯來時，建議每一個人自行逃難，當你在尋找家人或朋友一起逃難的時候，海嘯可能就已經沖到你眼前了。逃生時間非常寶貴，片刻都不要浪費，以保全自己的性命為第一優先，全力逃往高的地方。

求生知識　　了解危害分布圖

可以把住家跟學校標註記號喔！

　　透過國家災害防救科技中心的「潛勢地圖網站」，可用地圖方式查詢你想知道的地點，顯示該地區遇見不同災害，如淹水、土石流、地震、海嘯等，是否有危險、危險的程度有多少。

　　建議可以和家人一起關心居住地區的相關資訊，也尋找看看哪裡是常出沒地區的避難所與高樓，以免災害來臨會措手不及。

潛勢地圖網站：https://dmap.ncdr.nat.gov.tw/

避難過程中不小心扭傷腳，該怎麼辦呢？

難度 ★★★

A　去醫院

B　去避難所

解答
B

去避難所

醫院會以「狀況緊急、病情嚴重」的人為優先

重大災難發生時期,醫生為了拯救更多人的性命,會優先診療「緊急性高及症狀嚴重的人」,受災害影響,無法像平時一樣明快地診療,而且患者也很多,所以會先決定優先順序。

為了不增加醫院的負擔,若受到較輕微的扭傷或擦傷,請直接到避難所處理傷勢。如果沒辦法走路,可以請大人協助,到避難所接受應急處理。

決定診療的優先順序,稱為「檢傷分類」喔!

詳細解說!

沒有健保卡也可以去醫院

在避難時,很容易會發生沒把健保卡帶出門或是遺失的情況,很多人會感到不安:「這樣是不是沒辦法去醫院看病了呢?」不過,在重大災難期間,即使沒有健保卡也能看病。所以,在必須去醫院的時候,請不要擔心這點,務必要到醫院接受診療。

想跟家人通電話，該怎麼辦？

難度 ★★★

A 用手機

B 用街上的公用電話

災害期間，公用電話比手機更容易接通！

　　重大災難發生期間，手機的通訊會變得比較困難，這種時候最可靠的途徑就是公用電話，即使是在緊急時刻也能比較容易聯繫到對方。如果在避難途中剛好發現公用電話，可以試著用來聯絡親友，但不建議特地尋找公用電話，這樣反而很危險喔！

求生知識

公用電話的分布據點與使用方式！

平時就要注意哪裡
有公用電話！

　　隨著手機普及，公用電話已經逐年少見，但仍有不同種類，最常見的就是白鐵藍色的投幣、插卡兩用電話，還有黃色多卡通公話機，持悠遊卡或一卡通便可使用。

　　公用電話的使用方式是：

①把聽筒拿起來放到耳朵旁邊。

②將硬幣放進投幣口。

③按下電話號碼。

　　公用電話跟手機不一樣，按完號碼後不需要按通話鍵就會開始撥通了，沒有使用過公用電話的小朋友，請跟大人一起試著學習該怎麼使用。

家人的電話打不通，
這時該怎麼辦呢？

難度 ★★★

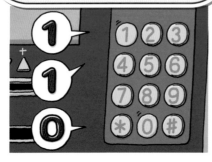

A　報警

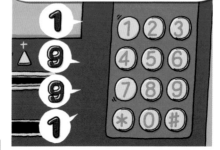

B　打給災害留言專線

運用災害留言專線

在遇到災害的時候，可以使用「災害留言專線」留言給失散的家人報平安。

用公用電話按下災害留言專線的號碼（1991），隨著語音指示操作，按下住家或是家人的電話號碼，就能聽到家人的留言，也能夠錄下自己的留言，總共可以收錄10條留言。

決定好
要傳達的內容之後，
再打電話喔！

詳細解說！

03-2525-00✕✕

記住電話號碼

如果你不記得對方的電話號碼，就沒辦法使用災害留言專線了，所以住家電話號碼及家人的手機號碼都要記牢，建議可以寫在小紙條上放入錢包。

日本的災害留言專線只有在災難發生時期才能利用，不過，每個月1號及15號會開放給民眾試體驗，讓大家可以練習怎麼使用。

終於到了。

放心，沒事的……

嗚嗚……

……

坐下

呼─

請拿吧！

爸爸、媽媽都安全嗎？

慎吾！

媽媽！
未來！

嗨！

你沒事真是
太好了！
有沒有受傷？

只是稍微扭到而已，
對了，我把馬卡龍
也帶來了！

喔！你們
在這裡呀！

爸爸!!

嗚嗚嗚……
太好了!!

抱緊緊

喘不過氣
了啦～

太好
了～

在地震來臨前的預先準備

❶ 確定與家人的聯絡方式

避難時可能會與家人分散，請跟家人討論
這種時候該如何取得聯繫。可以決定好
「如果利用災害留言專線的話，要用哪一
支電話號碼」、「打電話到親戚家報平
安」等方式。

❷ 去除家中的危險因子

當地震搖晃時，會有意想不到的危險向你襲來，
請先確認家中有哪個地方潛藏著危險，事先去除
掉危險因子。

大型家具

平時重到抬不動的大型家具有可
能會倒塌，可以用伸縮支撐桿或
L型支架固定家具。

窗戶

玻璃可能會因此破裂而飛散碎
片，建議貼上窗戶專用的貼膜。

櫃子

櫃子裡的東西可能會被震出來，
可以在櫃門裝上安全扣，讓門不
會輕易被晃開。

3 確認避難場所

避難場所會因災害的種類與受災程度而不同，與家人一同確認「如果遇到這種災害，就去這個避難場所」。先決定從家到避難場所要走哪條路、在哪裡會合，都是很重要的事情喔！

4 準備避難包

先準備好在避難所的必需品，緊急時刻就能拿了就走。建議把以下介紹的物品都放入避難包，放置在玄關大門附近。

水與食物

要定期替換新鮮的食物，別把東西放到過期。

急救箱

準備一些受傷時會用到的物品，像是繃帶、消毒藥品。

雨衣

在避難時，穿雨衣會比拿雨傘更方便，雙手可以活動。

安全帽

保護頭部不被餘震震落的物品砸傷。

手電筒

停電時用來照明。

收音機

能夠接收海嘯或餘震的明確資訊。

其他

保暖的「毛毯」、求救的「哨子」、搬運危險物品的「棉紗手套」、可以打公用電話的「零錢」，若是有「電池」與「手機充電器」就更完備。

監修

木原實

日本氣象預報士暨防災士，1986年起在日本電視台的節目中擔任氣象預報主播，現在與氣象吉祥物
SORAJIRO一起在電視節目「news every.」當中播報氣象，2016年起擔任日本防災士會顧問。
著有《天氣的基礎知識》《寫給親子的防災料理書》等書，並且擔任許多氣象及防災相關書籍的監
修者。

童心園 188

【漫畫圖解】災害求生指南：地震來了怎麼辦？

どっちを選ぶ？クイズで学ぶ！自然災害サバイバル 1 地震

監　　　修	木原實
繪　　　者	大野直人
譯　　　者	林謹瓊
審　　　定	蔡宗翰
總 編 輯	何玉美
責 任 編 輯	施縈亞
封 面 設 計	劉昱均
內 頁 排 版	尚騰印刷事業有限公司

出 版 發 行	采實文化事業股份有限公司
行 銷 企 劃	陳佩宜‧黃于庭‧蔡雨庭‧陳豫萱‧黃安汝
業 務 發 行	張世明‧林踏欣‧林坤蓉‧王貞玉‧張惠屏
國 際 版 權	王俐雯‧林冠妤
印 務 採 購	曾玉霞
會 計 行 政	王雅蕙‧李韶婉‧簡佩鈺
法 律 顧 問	第一國際法律事務所　余淑杏律師
電 子 信 箱	acme@acmebook.com.tw

采實官網	www.acmebook.com.tw
采實臉書	www.facebook.com/acmebook
Ｉ Ｓ Ｂ Ｎ	978-986-507-504-0
定　　　價	320元
初 版 一 刷	2021年9月
劃 撥 帳 號	50148859
劃 撥 戶 名	采實文化事業股份有限公司
	104台北市中山區南京東路二段95號9樓
	電話：(02)2511-9798
	傳真：(02)2571-3298

どっちを選ぶ？クイズで学ぶ！自然災害サバイバル 1 地震
DOTCHIOERABU? QUIZ DE MANABU! SHIZENSAIGAI SURVIVAL 1 JISHIN
Supervised by Minoru Kihara
Illustrated by Naoto Ono
Copyright © Nihontosho Center Co.Ltd., 2020
All rights reserved.
Original Japanese edition published by Nihontosho Center Co.Ltd.
Traditional Chinese translation copyright © 2021 by ACME Publishing Co., Ltd.
This Traditional Chinese edition published by arrangement with Nihontosho Center
Co.Ltd., Tokyo, through HonnoKizuna, Inc., Tokyo, and Keio Cultural Enterprise Co., Ltd.

版權所有，未經同意不得
重製、轉載、翻印

※本書所介紹的地震發生時的應對方式，僅為眾多方法之一，在緊急時刻，還是必須依當下狀況做出不同的判斷，
若本書能夠幫助讀者在緊急時刻做出判斷，那就太好了！

童心園

童心園